Zu diesem Buch

Sprachen leben. Ihre Ausdruckskraft wird bestimmt von Redensarten, die in bildhafter Form Situationen beschreiben. Redensarten, die den besonderen Reiz, das Fluidum einer Sprache ausmachen. Erst wenn man sie beherrscht, spricht man eine fremde Sprache wirklich. Erst dann erlebt man eine fremde Sprache.

In diesem Buch sind über 400 der gebräuchlichsten Wendungen versammelt – wörtlich übersetzt und mit der sinngemäßen Entsprechung im Deutschen. Mit ihnen vertraut, kann man Französisch «bildschön» sprechen. Ne mâche pas tes mots – kau deine Worte nicht – nimm kein Blatt vor den Mund.

Marie-Thérèse Pignolo ist Französin und arbeitete lange als Sprachlehrerin in Hamburg.

Hans-Georg Heuber ist Deutscher, Werbemann und einer von denen, die es satt haben, immer zu den falschen Sprach-Bildern zu greifen. Von ihm stammt auch der Parallelband über englische Redewendungen «Talk one's head off» (rororo sachbuch 7653).

Marie-Thérèse Pignolo
Hans-Georg Heuber

Ne mâche pas tes mots

Nimm kein Blatt vor den Mund!

Französische Redewendungen
und ihre deutschen Pendants

Mit Zeichnungen
von Birgit Rieger

Rowohlt

Originalausgabe
Redaktion Ludwig Moos
Umschlagentwurf Birgit Rieger

56.–65. Tausend August 1986

Veröffentlicht im Rowohlt Taschenbuch Verlag GmbH,
Reinbek bei Hamburg, März 1982
Copyright © 1982 by Rowohlt Taschenbuch Verlag GmbH,
Reinbek bei Hamburg
Satz Rockwell (Linotronic)
Gesamtherstellung Clausen & Bosse, Leck
Printed in Germany
680-ISBN 3 499 17472 3

Vorwort

Als Lehrerin, die die Sprache Goethes gelernt hatte, war ich in Deutschland verwirrt von Ausdrücken wie: ich versteh Bahnhof – so was Doofes – er hat nicht alle Tassen im Schrank. Meinen Schülern und Studenten erging es umgekehrt genauso. Sie konnten Redewendungen wie: je comprends que dalle – c'est con – il a une araignée dans le plafond, die in keinem Wörterbuch zu finden waren, nicht verstehen.

Oft habe ich bemerkt, daß die Wörterbücher durch die Trennung von lebender und klassischer Sprache eine Zensur betreiben. Dieser Zensur will ich mich nicht unterwerfen. Auch habe ich bemerkt, wie schwer es in einer fremden Sprache ist, verliebt oder sauer, höflich oder grob zu sein. Es ist relativ einfach, einen begrenzten technischen Wortschatz zu erlernen, aber ziemlich schwer, fließend im täglichen Leben zu sprechen. Das will ich meinen Lesern erleichtern.

Der größte Teil der Sammlung enthält Ausdrücke des täglichen Lebens, der vertrauten, ungezwungenen Konversation. Diese Metaphern haben eine solche Vitalität und Weisheit, daß sie uns in die Geheimnisse der französischen Mentalität, in ihr Unterbewußtsein einzudringen erlauben.

Bemerkenswert ist, daß der Deutsche mehr «durch die Blume» spricht, der Franzose sich eher direkt ausdrückt. Dadurch übertreibt der Franzose ganz schön: Keine 10 Pferde bringen den Deutschen dahin, wohin der Franzose durch 100000 Kühe gebracht wird. Und meist ist das, was sich auf deutsch oberhalb der Gürtellinie abspielt, im Französischen darunter angesiedelt («Er hat große Rosinen im Kopf», «il veut péter plus haut que son cul»).

Beiseite gelassen habe ich Sprichwörter, berühmte Zitate, Argot eines Milieus und Ausdrücke, die im Deutschen eine wörtliche Entsprechung haben (Mettre la puce à l'oreille = einen Floh ins Ohr setzen).

Ich hoffe, daß diese Sammlung den Lesern nicht nur den Spaß am Wissen vermittelt, sondern auch die Lust, auf Entdeckungsreise durch die Phantasien der beiden Nationen zu gehen.

Natürlich kann diese Sammlung nicht vollständig sein. Ich weiß das und freue mich, wenn die Leser mir dabei helfen, sie immer weiter zu vervollständigen.

Allen meinen Studenten, die mir oft die Lösungen zugeflüstert, mich geduldig ertragen haben und meine Freunde geworden sind, dem Institut Français sowie Hans-Georg Heuber, Inhaber einer Hamburger Werbeagentur, der dem Buch die Form gegeben hat, sage ich von ganzem Herzen meinen besten Dank.

M. T. Pignolo

Au plus élevé trône du monde,
si ne sommes assis que sus notre cul.

Montaigne: Livre 3 chapître XIII

Wenn wir es recht überdenken,
so stecken wir doch alle nackt
in unseren Kleidern.

Heine: Norderney

Inhalt

1. In der Klemme sitzen
11

2. Bauklötze staunen
27

3. Sauer sein
33

4. Dumm wie Bohnenstroh
45

5. Voller Laster
57

6. Mit allen Wassern gewaschen
71

7. Jacke wie Hose
83

8. Kohle machen
91

9. Dicke Freunde
103

10. Ranklotzen
113

1. In der Klemme sitzen

Se mettre dans de beaux draps
Zwischen schönen Bettüchern liegen
In Teufels Küche kommen

✳

Être dans le pétrin
Im Backtrog sein
Sich in die Nesseln setzen

✳

Être dans la panade
In der Brotsuppe sein
In der Tinte sitzen

✳

Il est dans la merde jusqu'au cou
Ihm steht die Scheiße bis zum Hals
Ihm steht das Wasser bis zum Hals

✳

Être dans la mélasse
In der Melasse sein
In der Klemme sitzen

*

Être dans la dèche
In Not sein
In der Klemme sitzen

*

Trempé comme une soupe
Naß wie eine Suppe sein
Naß wie ein Pudel sein

*

Il pleut des cordes
Es regnet Taue
Es regnet Bindfäden

*

Il pleut comme vache qui pisse
Es regnet wie eine Kuh, die pißt
Es schifft

*

Pleurer comme une Madeleine
Wie eine Magdalena weinen
Zum Steinerweichen heulen

✳

Chialer comme un veau
Wie ein Kalb heulen
Wie ein Schloßhund heulen

✳

Malheureux comme les pierres
Unglücklich wie die Steine
Todunglücklich

✳

Avoir un chat dans la gorge
Eine Katze im Hals haben
Einen Frosch im Hals haben

✳

Tomber les quatre fers en l'air
Fallen, mit den vier Hufeisen in der Luft
Alle viere in die Luft strecken

✳

Tomber dans les pommes
In die Äpfel fallen
Aus den Latschen kippen

✻

Être au violon
In der Geige sein
Im Arrestlokal sein

✻

Bouffer de la tôle
Blech fressen
Tüten kleben
(= Im Kittchen sitzen)

Le panier à salade
Der Salatkorb
Die grüne Minna

*

Passer à tabac
Wie Tabak schlagen
Aufmischen, verprügeln

*

Chatouiller les côtes à quelqu'un
Die Rippen kitzeln
Die Jacke vollhauen

*

Laisser cuire quelqu'un dans son jus
Jemanden in seinem Saft braten lassen
Jemanden schmoren lassen

✳

Être pris entre le marteau et l'enclume
Zwischen Hammer und Amboß sitzen
Zwischen Baum und Borke sitzen

✳

Il y a un cheveu
Da ist ein Haar
Das hat einen Haken

✳

Il y a un os
Da ist ein Knochen
Das hat einen Haken

✳

Il y a de l'eau dans le gaz
Da ist Wasser im Gas
Da ist die Kacke am Dampfen

✳

Le torchon brûle entre eux
Das Spültuch brennt zwischen ihnen
Der Haussegen hängt schief

Les carottes sont cuites
Die Wurzeln sind gekocht
Der Bart ist ab

C'est pas de la tarte
Das ist keine Torte
Das ist kein Sahneschlecken

Jeter le manche après la cognée
Den Griff hinter der Axt herwerfen
Die Flinte ins Korn werfen

✱

Payer les pots cassés
Die kaputten Töpfe bezahlen
Auslöffeln, was man sich eingebrockt hat

✱

On ne peut pas faire d'omelette sans casser d'œufs
Man kann kein Omelette machen, ohne Eier zu zerschlagen
Wo gehobelt wird, fallen Späne

✱

C'est ma bête noire
Das ist mein schwarzes Tier
Das ist mir ein Dorn im Auge

✱

Il m'a roulé
Er hat mich gerollt
Er hat mich reingelegt

✱

Il m'a eu
Er hat mich gehabt
Er hat mich reingelegt

Je suis chocolat
Ich bin Schokolade
Ich bin angeschmiert

✳

Je me suis laissé pigeonner
Man hat mich wie eine Taube gefangen
Ich bin in die Falle getappt

✳

Laisser quelqu'un en carafe
Jemanden in der Karaffe lassen
Jemanden im Stich lassen

Poser un lapin à quelqu'un
Jemandem ein Kaninchen stellen
Jemanden versetzen

✳

Faire le poireau
Wie ein Porree dastehen
Sich die Beine in den Bauch stehen

✳

Avaler la pilule
Die Pille hinunterschlucken
In den sauren Apfel beißen

✳

Ramasser une veste
Eine Jacke aufheben
Eine Schlappe einstecken

✳

Avoir les jetons
Spielmarken haben
Manschetten haben

✳

Serrer les fesses
Die Hinterbacken zusammendrücken
Schiß haben

Avoir les fesses qui jouent du tambour
Die Hinterbacken spielen Trommel
Das Herz ist vor Schreck in die Hose gerutscht

✳

Avoir le trouillomètre à zéro
Null auf seinem Angsthasenthermometer haben
Der Arsch geht auf Grundeis

✳

Avoir les chocottes
Mit den Zähnen klappern
Bammel haben

✳

Faire dans ses bottes
In seine Stiefel machen
Sich ins Hemd machen

✳

Une peur bleue
Eine blaue Angst
Eine Heidenangst haben

✳

Une poule mouillée
Ein tropfnasses Huhn
Ein Hasenfuß

Un dégonflé
Einer, der vor Angst zusammenrutscht
Ein Angsthase

Prendre la poudre d'escampette
Fluchtpulver nehmen
Das Hasenpanier ergreifen

Courir comme un dératé
Wie einer ohne Milz laufen
Laufen, was das Zeug hält

Avoir quelqu'un à ses trousses
Jemanden hinter seiner Kniehose haben
Jemanden auf den Fersen haben

✻

Changer de décor
Das Dekor wechseln
Die Tapeten wechseln

✻

Décamper
Das Lager abbrechen
Sich verdrücken

✻

S'éclipser
Sich verfinstern
Verduften

✻

Prendre ses cliques et ses claques

Seine «cliques» und «claques» packen

Seine Siebensachen packen

✳

Prendre la clé des champs

Den Schlüssel zum Land nehmen

Fersengeld geben

✳

Mettre les bouts

Die beiden Holzfüße anlegen

Sich auf die Socken machen

✳

Mettre les voiles

Die Segel setzen

Sich davon machen

✳

Filer à l'anglaise

Sich auf englisch empfehlen

Sich auf französisch empfehlen

✳

Loger au diable vert

Am grünen Teufel wohnen

Am Arsch der Welt wohnen

C'est le bout du monde
Hier ist das Ende der Welt
Hier ist die Welt mit Brettern vernagelt

✽

Être au bout du rouleau
Am Ende seiner Rolle sein
Aus dem letzten Loch pfeifen

✽

Casser sa pipe
Seine Pfeife zerbrechen
Den Löffel abgeben

✽

Passer l'arme à gauche
Den Säbel nach links drehen
Ins Gras beißen

✽

Bouffer les pissenlits par la racine
Den Löwenzahn bei der Wurzel fressen
Sich die Radieschen von unten angucken

✽

2. Bauklötze staunen

En être baba
Baba sein
Baff sein

*

Ça me coupe la chique
Das schneidet mir den Priem ab
Da bleibt mir die Spucke weg

*

J'en ai les jambes coupées
Da werden meine Beine abgeschnitten
Das zieht mir die Schuhe aus

*

Les bras m'en tombent
Meine Arme fallen ab
Das haut mich aus dem Anzug

*

Ouvrir des yeux comme des soucoupes
Die Augen wie Untertassen aufmachen
Bauklötze staunen

*

Ouvrir la bouche comme un four
Den Mund wie einen Backofen aufmachen
Das Maul wie ein Scheunentor aufreißen

Ça m'en bouche un coin
Das verstopft mir eine Ecke
Ich glaub' mich tritt ein Pferd

C'est plus fort que le roquefort
Es ist stärker als der Roquefort
Das geht auf keine Kuhhaut

C'est le bouquet
Das ist der Blumenstrauß
Jetzt haben wir den Salat

✽

C'est la fin des haricots
Das ist das Ende der Bohnen
Jetzt schlägt's aber 13

✽

Se regarder en chiens de faïence
Sich wie Hunde aus Porzellan angucken
Sich feindselig und dumm anstarren

✽

Un chien regarde bien un évêque
Ein Hund kann doch einen Bischof angucken
Ansehen kostet nichts

✽

Avec des si, on mettrait Paris dans une bouteille
Mit einigen Wenn könnte man Paris in eine Flasche stecken
Wenn meine Oma Räder hätte, wär' sie ein Omnibus

✽

Dieu seul le sait
Nur Gott weiß das
Weiß der Kuckuck

Arriver comme un chien dans un jeu de quilles
Wie ein Hund in ein Kegelspiel laufen
Wie ein Blitz aus heiterem Himmel

Comme un cheveu sur la soupe
Wie ein Haar auf der Suppe
Wie ein Blitz aus heiterem Himmel

✻

Mettre les pieds dans le plat
Die Füße in den Teller stellen
Ins Fettnäpfchen treten

✻

Charrier dans les bégonias
In die Begonien bringen
Über die Stränge schlagen

Ce n'est pas très catholique
Das ist nicht sehr katholisch
Das kommt mir spanisch vor

*

Ras le bol!
Seine Tasse (Schale) voll haben
Bedient sein

✳

En avoir plein les bottes
Die Stiefel voll haben
Die Schnauze voll haben

✳

En avoir plein le dos
Den Rücken voll haben
Die Schnauze voll haben

✳

En avoir sa claque
Seine claque (Teil) haben
Die Schnauze voll haben

✳

En avoir plein le cul
Den Arsch voll haben
Es zum Kotzen finden

✳

Râler comme un pendu
Wie ein Gehenkter röcheln
Sauer sein

Se mettre en boule
Kugel werden
Sauer werden

Va te faire cuire un œuf
Laß dir ein Ei kochen
Rutsch mir den Buckel runter

Va te faire voir chez les grecs
Laß dich bei den Griechen sehen
Geh dahin, wo der Pfeffer wächst

Va à la gare
Geh zum Bahnhof
Schieß in den Wind

Envoyer péter sur les roses
Jemanden schicken, um auf die Rosen zu furzen
Soll mich am Arsch lecken

Va te faire pendre ailleurs
Geh dich woanders aufhängen
Zieh Leine

Ça ne casse pas des briques
Das bricht keine Backsteine
Das ist Wischiwaschi

*

Ça ne vaut pas tripette
Das ist keine Gedärme wert
Das ist keinen Schuß Pulver wert

*

Ça ne vaut pas une chique de tabac
Das ist keinen Kautabak wert
Das ist keinen Pfifferling wert

*

Cela me fait une belle jambe
Das macht mir ein schönes Bein
Damit kann ich keinen Blumenstrauß gewinnen

*

Ce ne sont pas tes oignons
Es sind nicht deine Zwiebeln
Es ist nicht dein Bier

*

Ajouter son grain de sel
Sein Salzkorn dazugeben
Seinen Senf dazugeben

Il me tient le crachoir
Er hält mir den Spucknapf
Der sabbelt mich voll

✱

Clouer le bec à quelqu'un
Jemandem den Schnabel zunageln
Jemandem das Maul stopfen

✱

Et mon cul, c'est du poulet
Und mein Arsch ist ein Hühnchen
Du kannst mich am Arsch lecken

✱

J'en ai envie comme de me pendre
Dazu habe ich Lust, wie mich zu hängen
Dazu habe ich Lust wie die Kuh zum Seiltanzen

✱

Avoir une dent contre quelqu'un
Einen Zahn gegen jemanden haben
Jemanden auf dem Kieker haben

✱

Se fâcher tout rouge
Sich rot ärgern
Sich schwarz ärgern

Il se dresse sur ses ergots
Er stellt sich auf seine Sporne
Ihm schwillt der Kamm

✽

La moutarde lui monte au nez
Ihm kommt der Senf in der Nase hoch
Ihm platzt der Kragen

✽

Quelle mouche l'a piqué?
Welche Fliege hat ihn gestochen?
Welche Laus ist ihm über die Leber gelaufen

✽

Il est soupe au lait
Er ist wie eine Milchsuppe
Er geht leicht in die Luft

✽

Un empêcheur de danser en rond
Einer, der verhindert, im Kreise zu tanzen
Einer, der die Suppe versalzt

✳

Ça me sort par les trous de nez
Das geht mir aus den Nasenlöchern heraus
Das hängt mir zum Hals heraus

✳

Casser les pieds
Die Füße brechen
Auf den Wecker fallen

✳

Scier le dos
Den Rücken sägen
Den Nerv töten

✳

Faire mousser
Überschäumen lassen
Auf die Palme bringen

✳

Faire tourner quelqu'un en bourrique
Jemanden in einen Esel verwandeln
Auf die Palme bringen

Faire sortir quelqu'un de ses gonds
Jemanden aus seinen Angeln heben
Auf die Palme bringen

Sonner les cloches à quelqu'un
Jemandem die Glocken läuten
Jemandem aufs Dach steigen

Engueuler comme du poisson pourri
Wie verdorbenen Fisch beschimpfen
Ihn zur Sau machen

Se faire enguirlander
Sich mit Girlanden behängen lassen
Eine Zigarre verpaßt kriegen

*

Recevoir son paquet
Sein Paket bekommen
Den Spiegel vorgehalten bekommen

✲

Tu m'abandonnes comme une vieille savate
Du verläßt mich wie einen alten Pantoffel
Du treulose Tomate

✲

Il n'y avait pas un chat
Es war keine Katze da
Es war kein Schwein da

✲

Marcher sur les plates-bandes de quelqu'un
Jemandem auf die Beete seines Gartens treten
Jemandem ins Gehege kommen

✲

Retourner comme une crêpe
Wie einen «Crêpe» umdrehen
Jemanden im Handumdrehen umstimmen

✲

Abîmer le portrait
Das Portrait zugrunde richten
Die Fresse polieren

Défoncer le portrait
Das Portrait durchbrechen
Die Fresse polieren

✻

Tu as de la merde dans les yeux
Du hast wohl Scheiße in den Augen
Du hast wohl Tomaten auf den Augen

*

N'y voir que du bleu
Nur Blau sehen
Sich hinters Licht führen lassen

*

Se foutre le doigt dans l'œil, jusqu'au coude
Sich den Finger ins Auge stoßen bis zum Ellenbogen
Einen Knick in der Optik haben

*

Je te vois venir avec tes gros sabots
Ich sehe dich kommen, mit deinen dicken Holzschuhen
Nachtigall, ich hör dir trapsen

*

Plus royaliste que le roi
Königlicher als der König
Päpstlicher als der Papst

*

Mettre la charrue devant les bœufs
Den Wagen vor die Ochsen spannen
Das Pferd am Schwanz aufzäumen

Cela n'est pas de son cru
Das ist nicht aus seinem Weinberg
Das ist nicht auf seinem Mist gewachsen

✻

Il ne lui arrive pas à la cheville
Er reicht ihm nicht bis zum Knöchel
Er kann ihm das Wasser nicht reichen

✻

Être le dindon de la farce
Der Truthahn des Spaßes sein
Der Dumme sein

✳

Faire une boulette
Eine Bulette machen
Einen Bock schießen

✳

Se faire tout un cinéma
Ein ganzes Kino im Kopf haben
Flausen im Kopf haben

✳

Il n'est pas sorti des jupes de sa mère
Er ist noch nicht aus den Röcken seiner Mutter heraus
Er ist den Kinderschuhen noch nicht entwachsen

✳

Si on lui pressait le nez, il en sortirait encore du lait
Wenn man ihm die Nase «ausdrücken» würde,
käme noch Milch heraus
Er ist noch nicht trocken hinter den Ohren

✳

Aux innocents les mains pleines
Den Unschuldigen sind die Hände voll
Die dümmsten Bauern haben die dicksten Kartoffeln

❋

Une oie blanche
Eine weiße Gans
Eine dumme Gans

❋

Des yeux de merlan frit
Augen wie ein gebratener Merlan
Dumm aus der Wäsche gucken

❋

Rester planté là comme un piquet
Wie ein Pfahl dastehen
Wie bestellt und nicht abgeholt dastehen

✻

Foncer dans le brouillard
In den Nebel drauflosstürzen
Blind drauflosstürzen

✻

Con comme la lune
Doof wie der Mond
Dumm wie die Nacht

✻

Bête comme ses pieds
Dumm wie seine Füße
Dumm wie Bohnenstroh

✻

Bête à bouffer du foin
Dumm zum Heu fressen
Dümmer als die Polizei erlaubt

✻

Bête comme une valise sans anse
Dumm wie ein Koffer ohne Griff
Mit dem Klammerbeutel gepudert

Il pige que dalle
Er versteht nur Rinne
Er versteht nur Bahnhof

✼

Il déraille – Il déconne
Er entgleist
Er dreht durch

✼

À laver la tête d'un âne, on perd sa lessive
Wenn man den Kopf eines Esels wäscht,
verliert man sein Waschmittel
Da ist Hopfen und Malz verloren

C'est comme si je pissais dans un violon
Das ist, als ob ich in eine Geige pissen würde
Das ist für die Katz

✳

Tête de lard
Ein Speckkopf
Ein Dickschädel

✳

N'avoir pas de plomb dans la cervelle
Kein Blei im Hirn haben
Leichtsinnig sein

✳

Être bouché à l'émeri
Mit Schmirgel zugestopft sein
Ein Brett vor dem Kopf haben

✳

Il est tapé
Er ist getippt
Er ist bekloppt

✳

Il plafonne du neutron
Seine Neutronen sind zu hoch unter der Decke
Er ist nicht ganz dicht

Il a le timbre fêlé
Seine Glocke ist gesprungen
Bei ihm piept's wohl

*

Il a une araignée dans le plafond
Er hat eine Spinne an der Decke
Er hat nicht alle Tassen im Schrank

*

Il perd la boule
Er verliert die Kugel
Bei ihm ist 'ne Schraube locker

Il a un petit vélo dans la tête
Er hat ein kleines Fahrrad im Kopf
Er ist als Kind zu heiß gebadet worden

Il travaille du chapeau
Sein Hut arbeitet
Er hat 'nen Tick unterm Pony

Il pédale dans le yaourt
Er fährt mit dem Fahrrad ins Joghurt
Er sitzt auf dem falschen Dampfer

✼

Il pédale dans la choucroute
Er fährt mit dem Fahrrad ins Sauerkraut
Er ist auf dem Holzweg

✼

Arrête de ramer, on est sur le sable!
Hör auf zu rudern, wir sind auf Sand!
Das hast du in den Sand gesetzt

✼

Il raisonne comme une casserole*
Er denkt wie ein hohler Kochtopf
Das Denken soll man den Pferden überlassen, sie haben größere Köpfe

✼

*Wortspiel: raisonner: denken
und résonner: nachhallen

Il n'a pas inventé le fil à couper le beurre
Er hat den Faden nicht gefunden, um die Butter zu schneiden
Er hat die Weisheit nicht mit Löffeln gegessen

✳

Il n'a jamais cassé trois pattes à un canard
Er hat einer Ente nie drei Beine gebrochen
Er hat die Weisheit nicht mit Löffeln gegessen

✳

Faire rigoler les mouches
Da lachen ja die Fliegen
Da lachen ja die Hühner

✳

Enfin ça fait tilt
Endlich macht es tilt
Endlich ist der Groschen gefallen

✳

5.

Voller Laster

Un pilier de bistrot
Eine Kneipensäule
Ein Schluckspecht

∗

Avoir une sacrée descente
Einen geheiligten «Rutsch» (Ablauf) haben
Einen Stiefel vertragen können

∗

Avoir la dalle en pente
Eine schiefe Dachrinne haben
Einen Stiefel vertragen können

Plein comme une huître
Voll wie eine Auster
Voll wie eine Strandhaubitze

✳

Il a un coup dans l'aile
Er hat einen Schlag im Flügel
Er hat einen Affen

✳

Être gris
Grau sein
Blau sein

✳

Être beurré
Er ist mit Butter bestrichen
Voll wie 'ne Hacke

✳

Rond comme une queue de pelle
Rund wie ein Schaufelstiel
Ganz schön breit

✳

Avoir la gueule de bois
Das Maul aus Holz haben
Einen Kater haben

Avoir de la brioche
Einen Zopf um den Bauch haben
Einen Bierbauch haben

✳

C'est du jus de chaussettes
Das ist Sockensaft
Schmeckt wie Abwaschwasser

✳

Poisson sans boisson est poison
Fisch ohne Getränk ist Gift
Fisch muß schwimmen

✳

Avoir un poil dans la main
Ein Haar in der Hand haben
Auf der Bärenhaut liegen

✳

Paresseux comme un lézard
Faul wie eine Eidechse
Faul wie die Sünde

✳

Ne pas se fouler la rate
Sich die Milz nicht verstauchen
Sich kein Bein ausreißen

Ne pas en foutre une rame
Keine Ruderstange tun
Keinen Schlag tun

*

Faire la grasse matinée
Den fettigen Morgen machen
Bis in die Puppen schlafen

*

Gober les mouches
Nach den Fliegen schnappen
Ein Loch in die Luft gucken

Aller son petit bonhomme de chemin
Seinen kleinen gutmütigen Weg gehen
'ne ruhige Kugel schieben

✱

Se la couler douce
Sich das Leben süß fließen lassen
Sich einen feinen Lenz machen

✱

Avoir les pieds en bouquets de violettes
Füße wie ein Veilchenstrauß haben
Sich einen schlanken Fuß machen

*

Un pantouflard
Jemand, der in seinen Pantoffeln lebt
Ein Stubenhocker

*

Laid comme un crapaud
Häßlich wie eine Kröte
Häßlich wie die Nacht

*

Moche comme un pou
Häßlich wie eine Laus
Häßlich wie die Nacht

*

Une gueule à bloquer les roues d'un corbillard
Ein Maul, daß die Räder eines Leichenwagens blockieren
Potthäßlich

*

Il n'a plus de mousse sur le caillou
Er hat kein Moos mehr auf dem Kiesel
Er hat eine Platte

Il a un œil qui dit «merde» à l'autre
Er hat ein Auge, das zum anderen «Scheiße» sagt
Er guckt mit dem linken Auge in die rechte Westentasche

*

Avoir des poches sous le yeux
Taschen unter den Augen haben
Ringe unter den Augen haben

*

Un œil au beurre noir
Ein Auge mit schwarzer Butter
Ein blaues Auge / Veilchen

*

Les oreilles en feuilles de chou
Ohren wie Kohlblätter
Ohren wie ein Segelflieger

❋

Des mains comme des battoirs
Hände wie Schlaghölzer
Hände wie Klodeckel

❋

Un ours mal léché
Ein Bär, der sich schlecht geleckt hat
Ein Rauhbein

❋

Beau comme un camion
Schön wie ein Lastwagen
Charmant wie ein Fahrrad

❋

Ficelé comme un saucisson
Wie eine Wurst zusammengeschnürt
Knapp wie 'ne Wurstpelle

❋

Ça lui va comme un tablier à une vache
Das paßt zu ihm wie eine Schürze zu einer Kuh
Das paßt wie die Faust aufs Auge

Un drôle de zèbre
Ein komisches Zebra
Ein komischer Kauz

✳

Il est taillé à la hache
Er ist mit der Axt zugeschnitten
Ein grober Klotz

✳

Rouler les mécaniques
Seine Mechanismen rollen
Vor Kraft nicht gehen können

✳

Haut comme trois pommes
Ein Dreiäpfelhoch
Ein Dreikäsehoch

✳

Une grande sauterelle
Eine große Heuschrecke
Eine lange Latte

✳

Maigre comme un clou
Mager wie ein Nagel
Spindeldürr

✳

Sec comme un hareng
Dürr wie ein Hering
Dürr wie eine Bohnenstange

✳

Passer derrière une affiche sans la décoller
Hinter einem Plakat vorbeigehen ohne es abzuhängen
Sich hinter einem Laternenpfahl ausziehen können

Un visage long comme un jour sans pain
Ein Gesicht, lang wie ein Tag ohne Brot
Ein Gesicht wie sieben Tage Regenwetter

✻

Un nez en trompette
Eine Nase wie eine Trompete
Eine Himmelfahrtsnase

✻

Sourd comme un pot
Topftaub
Stocktaub

✻

Bronzé comme un cachet d'aspirine
Gebräunt wie eine Aspirintablette
Blaß wie ein Engerling

✻

Fumer comme un pompier
Wie ein Feuerwehrmann rauchen
Wie ein Schlot rauchen

✻

Faire tapisserie
Tapete sein
Mauerblümchen sein

Qui naît poule aime à gratter
Das Huhn läßt das Kratzen nicht
Die Katze läßt das Mausen nicht

Faucher
Abmähen
Abgreifen/Klauen

*

Se rincer l'œil
Sich das Auge spülen
Stielaugen machen

*

Ça en dit long
Das spricht lang
Das spricht Bände

＊

A mots couverts
Mit bedeckten Worten
Durch die Blume

＊

A demi-mots
Mit halben Worten
Durch die Blume

＊

Ne pas mâcher ses mots
Seine Worte nicht kauen
Kein Blatt vor den Mund nehmen

＊

Il a la langue bien pendue
Seine Zunge hängt gut im Mund
Er ist nicht auf den Mund gefallen

＊

Il n'a pas sa langue dans sa poche
Er hat die Zunge nicht in seiner Tasche
Er ist nicht auf den Mund gefallen

Un pince-sans-rire
Einer, der ohne Lachen den anderen kneift
Er hat den Schalk im Nacken

Rire dans sa barbe
In seinen Bart lachen
Ins Fäustchen lachen

Se fendre la pipe
Sich die Pfeife spalten
Sich einen Ast lachen

Se fendre la gueule
Sich das Maul spalten
Sich einen Ast lachen

S'en payer une tranche
Sich eine Scheibe kaufen
Sich totlachen

*

Rire comme un bossu
Wie ein Buckliger lachen
Sich krumm und schief lachen

*

Connaître toutes les ficelles
Alle Schnüre kennen
Mit allen Wassern gewaschen sein

*

Mener quelqu'un en bateau
Jemanden mit dem Schiff herumfahren
Jemandem einen Bären aufbinden

*

Embobiner
Um eine Rolle wickeln
Um den Finger wickeln

*

Mettre en boîte
In eine Schachtel stecken
Auf den Arm nehmen

Donner du fil à retordre
Einen Faden zu entwirren geben
Eine harte Nuß zu knacken geben

✲

Plumer quelqu'un
Jemanden rupfen
Jemandem das Fell über die Ohren ziehen

✲

En faire voir de toutes les couleurs à quelqu'un
Einem von allen Farben zeigen
Einem die Hölle heiß machen

✲

Se parer des plumes du paon
Sich mit Federn des Pfaus schmücken
Sich mit fremden Federn schmücken

✲

Jeter de la poudre aux yeux
Pulver in die Augen werfen
Sand in die Augen streuen

✱

En foutre plein la vue
Die Aussicht voll von etwas machen
Große Bogen spucken

✱

En faire toute une tartine
Ein großes Butterbrot aus etwas machen
Sich lang und breit über etwas auslassen

✱

En faire tout un plat
Einen großen Teller aus etwas machen
Sich lang und breit über etwas auslassen

C'est du bidon
Das ist Bauch
Lug und Trug

*

Il ment comme un arracheur de dents
Er lügt wie ein Dentist
Er lügt das Blaue vom Himmel herunter

*

Il ment comme il respire
Er lügt wie er atmet
Er lügt wie gedruckt

*

Il ment comme un soutien-gorge
Er lügt wie ein BH
Er lügt sich in die Tasche

*

On lui donnerait le Bon Dieu sans confession
Man würde ihm die Hostie ohne Beichte geben
Er sieht aus, als ob er kein Wässerchen trüben könnte

*

Un faux jeton
Eine falsche Spielmarke
Ein falscher Fuffziger

Un pique-assiette
Jemand, der in den Tellern anderer herumstochert
Ein Nassauer

✳

Vivre aux crochets de quelqu'un
Jemandem auf den Hacken leben
Jemandem auf der Tasche liegen

✳

Casser du sucre sur le dos de quelqu'un
Zucker auf dem Rücken von jemandem zerbrechen
Jemanden durchhecheln

✳

S'aplatir comme une descente de lit
Sich wie ein Bettvorleger flach machen
Sich zum Abtreter machen

✳

Graisser la patte à quelqu'un
Jemandem die Pfote schmieren
Jemanden schmieren

✳

Passer de la pommade à quelqu'un
Jemanden mit Salbe einschmieren
Jemandem Honig um den Bart schmieren

Lécher les bottes à quelqu'un
Die Stiefel von jemandem lecken
Speichel lecken

✱

Mettre des gants avec quelqu'un
Handschuhe tragen mit jemandem
Jemanden mit Glacéhandschuhen anfassen

✱

Il est mauvais coucheur
Mit ihm ist nicht gut schlafen
Mit ihm ist nicht gut Kirschen essen

✱

Il y a anguille sous roche
Da steckt ein Aal unter dem Felsen
Etwas im Schilde führen

Être au parfum
Das Parfum riechen
Über etwas Bescheid wissen

*

Découvrir le pot aux roses
Den Rosentopf entdecken
Jemandem auf die Schliche kommen

*

Examiner sur toutes les coutures
Alle Nähte betrachten
Auf Herz und Nieren prüfen

*

Examiner à la loupe
Mit der Lupe betrachten
Auf Herz und Nieren prüfen

*

Mettre des bâtons dans les roues
Stöcke zwischen die Räder werfen
Einen Knüppel zwischen die Beine werfen

*

Couper l'herbe sous les pieds
Das Gras unter den Füßen schneiden
Den Wind aus den Segeln nehmen

Montrer de quel bois on se chauffe
Zeigen, mit welchem Holz man sich wärmt
Zeigen, was eine Harke ist

*

Tenir la dragée haute
Das Bonbon hochhalten
Den Brotkorb höher hängen

*

C'est une autre paire de manches
Das ist ein anderes Paar Ärmel
Das steht auf einem anderen Blatt

*

Cela n'entre pas en ligne de compte
Das kommt gar nicht auf die Rechnung
Das kommt gar nicht in die Tüte

*

Appeler un chat un chat
Eine Katze eine Katze nennen
Das Kind beim rechten Namen nennen

*

7. Jacke wie Hose

Mettre dans le même sac
In denselben Sack stecken
Über einen Kamm scheren

✻

Cela n'a ni queue ni tête
Es hat weder Schwanz noch Kopf
Es hat weder Hand noch Fuß

✻

Mi-figue, mi-raisin
Halb Feige, halb Traube
Weder Fisch noch Fleisch

✻

C'est chou vert et vert chou
Es ist grüner Kohl und Kohl grün
Es ist Jacke wie Hose

✻

Sauter du coq à l'âne
Vom Hahn auf den Esel springen
Vom Hundertsten ins Tausendste kommen

✻

On ne peut pas être au four et au moulin
Man kann nicht am Ofen und in der Mühle sein
Man kann nicht auf zwei Hochzeiten gleichzeitig tanzen

Ne pas savoir sur quel pied danser
Nicht wissen, auf welchem Fuß man tanzen soll
Rin in die Kartoffeln, raus aus den Kartoffeln

✻

Tourner autour du pot
Sich um den Topf drehen
Wie eine Katze um den heißen Brei schleichen

✻

Donner de la confiture aux cochons
Den Schweinen Konfitüre geben
Perlen vor die Säue werfen

✻

Porter de l'eau à la rivière
Wasser zum Fluß tragen
Eulen nach Athen tragen

C'est une goutte d'eau dans la mer
Das ist ein Tropfen Wasser im Meer
Das ist ein Tropfen auf einem heißen Stein

Expédier une affaire par-dessus la jambe
Eine Sache über dem Bein erledigen
Etwas übers Knie brechen

*

Travailler pour le roi de Prusse
Für den König von Preußen arbeiten
Die Mühe ist für die Katze

*

Travailler pour des prunes
Für Pflaumen arbeiten
Die Mühe ist für die Katze

✱

Une querelle d'Allemand
Ein Streit mit einem Deutschen
Ein Streit um des Kaisers Bart

✱

Ce n'est pas la mer à boire
Es ist nicht notwendig, das ganze Meer zu trinken
Es wird überall nur mit Wasser gekocht

✱

Il n'y a pas de quoi fouetter un chat
Man braucht keine Katze zu peitschen
Danach kräht kein Hahn

✱

À la Saint-Glinglin
Bis Saint-Glinglin
Bis zum Sankt-Nimmerleinstag

✱

Quand les poules auront des dents
Wenn die Hühner Zähne kriegen
Wenn der Main brennt

La semaine des quatre jeudis
Die Woche mit den vier Donnerstagen
Wenn Ostern und Pfingsten auf einen Tag fallen

✻

Compte là-dessus et bois de l'eau
Rechne damit und trinke Wasser
Das kannst du in den Schornstein/Wind schreiben

✻

Je m'en bats l'œil
Darauf schlage ich mir das Auge
Das ist mir Wurst

✻

Laisser pisser le mérinos
Das Schaf pissen lassen
Abwarten und Tee trinken

✻

La bave du crapaud n'atteint pas la blanche colombe
Der Speichel der Kröte erreicht nicht die weiße Taube
Was kümmert's die Eiche, wenn sich die Sau dran schabt

✻

Je m'en balance
Darauf schaukel ich
Ich pfeife darauf

Der Zaster heißt le fric...

… Kies ist la galette, Moos le pèse oder le pognon,
und die Moneten kann man l'oseille (Sauerampfer), l'osier (Weidenrute)
oder le blé (Korn) nennen.
Manger son blé en herbe bedeutet: sein Geld ausgeben, bevor man es hat.
Das Geld zum Fenster hinauswerfen heißt:
brûler la chandelle par les deux bouts. Wer das nicht möchte, darf
ne pas attacher ses chiens avec des saucisses.
Den gesunden Sparsinn nennt der Franzose l'esprit d'épargne,
die übertriebene Knauserigkeit aber bildtrefflich
l'économie de bouts de chandelle, Kerzenstummelsparsamkeit.
Und sollten Sie auch in Frankreich Pfandbriefe wünschen, verlangen Sie
obligations foncières oder cédules hypothécaires.
Man wird Ihren esprit d'épargne bewundern.

Pfandbrief und Kommunalobligation

Meistgekaufte deutsche Wertpapiere - hoher Zinsertrag - schon ab 100 DM bei allen Banken und Sparkassen

Verbriefte Sicherheit

8. Kohle machen

Avoir de l'oseille
Sauerampfer haben
**Kies, Moos, Pulver, Mäuse,
Zaster, Moneten, Knete haben**

Avoir des radis
Radieschen haben
**Kies, Moos, Pulver, Mäuse,
Zaster, Moneten, Knete haben**

*

Avoir du fric
«Fric» haben
**Kies, Moos, Pulver, Mäuse,
Zaster, Moneten, Knete haben**

*

Avoir des ronds
Etwas Rundes haben
**Kies, Moos, Pulver, Mäuse,
Zaster, Moneten, Knete haben**

✱

Avoir du foin dans ses bottes
Heu in seinen Stiefeln haben
Korn auf dem Boden haben

✱

Remuer l'argent à la pelle
Das Geld mit der Schaufel umrühren
Geld wie Heu haben

✱

Être cousu d'or
Mit Gold genäht sein
Im Geld schwimmen

✱

Rouler sur l'or
Auf Gold rollen
Im Geld schwimmen

✱

Avoir du cul
Arsch haben
Schwein haben

Avoir du pot
Topf haben
Schwein haben

*

Les grosses légumes
Das dicke Gemüse
Die großen Tiere

*

Les huiles
Die Öle
Die großen Tiere

*

Un gros bonnet
Eine dicke Haube
Ein großes Tier

*

Le gratin
Das Überbackene
Die oberen Zehntausend

*

N'avoir pas un radis
Kein Radieschen haben
Keinen Pfennig mehr haben

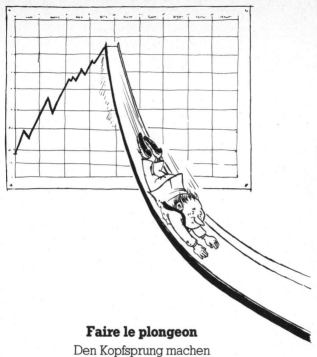

Faire le plongeon
Den Kopfsprung machen
Pleite machen

Fauché comme les blés
Wie Korn abgemäht
Abgebrannt

Raide comme un passe-lacet
Steif wie eine Schnürnadel
Arm wie eine Kirchenmaus

Connu comme le loup blanc
Bekannt wie der weiße Wolf
Bekannt wie ein bunter Hund

Faire son beurre
Seine Butter machen
Kohle machen

*

Être près de l'assiette au beurre
Neben dem Butterteller sitzen
An der Krippe sitzen

*

Vivre comme un coq en pâte
Wie ein Hahn in der Pastete leben
Wie Gott in Frankreich leben

Se tailler la part du roi
Sich den Königsteil abschneiden
Die Rosinen aus dem Kuchen picken

*

À colombes saoules, cerises sont amères
Wenn die Tauben betrunken sind, schmecken die Kirschen bitter
Wenn die Mäuse satt sind, schmeckt das Mehl bitter

*

Manger de la vache enragée
Ein Stück tollwütiger Kuh essen
Am Hungertuche nagen

*

Tirer le diable par la queue
Den Teufel am Schwanz ziehen
Am Hungertuch nagen

*

Bouffer des briques
Backsteine fressen
Am Hungertuch nagen

*

Faute de grives, on mange des merles
Wenn man keine Wacholderdrosseln hat, ißt man Schwarzdrosseln
In der Not frißt der Teufel Fliegen

Ça ne met pas de beurre dans les épinards
Das bringt keine Butter in den Spinat
Das macht den Kohl nicht fett

Il n'y a pas de quoi remplir une dent creuse
Damit kann man keinen hohlen Zahn füllen
Da ist Schmalhans Küchenmeister

*

Avoir l'estomac dans les talons
Den Magen in den Fersen haben
Der Magen hängt einem in den Kniekehlen

✳

Coucher sur la paille
Auf dem Stroh schlafen
Im äußersten Elend sein

✳

Dormir à la belle étoile
Unterm schönen Stern schlafen
Bei Mutter Grün übernachten

✳

Je ne le ferais pas pour 100 000 vaches
Ich würde es nicht für 100 000 Kühe tun
Keine 10 Pferde bringen mich dazu

✳

Défendre son bifteck
Sein Beefsteak verteidigen
Sich nicht die Butter vom Brot nehmen lassen

✳

Garder une poire pour la soif
Sich eine Birne für den Durst zurücklegen
Sich einen Notgroschen zurücklegen

Petit à petit l'oiseau fait son nid
Allmählich macht der Vogel sein Nest
Kleinvieh macht auch Mist

Les petits ruisseaux font les grandes rivières
Die kleinen Bäche machen die großen Flüsse
Kleinvieh macht auch Mist

Pour une bouchée de pain
Für einen Bissen Brot
Für einen Apfel und ein Ei

Ça lui coûte les yeux de la tête
Das kostet ihn die Augen des Kopfes
Das kostet ihn ein Vermögen

✳

Rendre son tablier à quelqu'un
Jemandem seine Schürze zurückgeben
Seinen Hut nehmen

✳

Il l'a haut dans le bonnet
Er hat es hoch oben in der Kappe
Er hat große Rosinen im Kopf

✳

Il veut péter plus haut que son cul
Er will höher furzen als sein Arsch
Er hat große Rosinen im Kopf

✳

Il se croit sorti de la cuisse de Jupiter
Er glaubt, dem Schenkel Jupiters zu entstammen
Er glaubt, er sei der Kaiser von China

✳

Le plus riche en mourant n'emporte qu'un drap
Auch der Reichste nimmt, wenn er stirbt, nur ein Bettuch mit
Das letzte Hemd hat keine Tasche

9.
Dicke Freunde

Ma vieille branche
Mein alter Ast
Na, altes Haus

✱

Mon pote
Mein Pfeil
Na, alte Kruke

✱

Être de mèche
An einer Lunte hängen
Unter einer Decke stecken

✱

Copains comme cochons
Freunde wie Schweine
Freunde durch dick und dünn

✽

Être comme cul et chemise
Wie Arsch und Hemd sein
Wie Pech und Schwefel zusammenhalten

✽

Être de même farine
Aus demselben Mehl sein
Aus demselben Holz geschnitzt sein

✽

Une bonne pâte
Ein guter Teig
Eine ehrliche Haut

✽

Une bonne poire
Eine gute Birne
Eine ehrliche Haut

✽

C'est son père craché
Das ist sein ausgespuckter Vater
Dem Vater wie aus dem Gesicht geschnitten

Se mettre sur son 31
Sich auf sein 31 stellen
Sich in Schale schmeißen

✳

Tiré à quatre épingles
An vier Nadeln gezogen
Wie aus dem Ei gepellt

✳

Ça te va comme un gant
Es sitzt dir wie ein Handschuh
Es sitzt wie angegossen

✳

Beau comme une bitte en fleur
Schön wie ein Penis in Blüte
Schwer in Schale

✳

Un dragueur
Ein Bagger
Ein Aufreißer

✳

Un coureur de jupons
Einer, der den Unterröcken nachrennt
Ein Schürzenjäger

La coqueluche des femmes
Der Lieblingshahn der Frauen
Der Hahn im Korb

✳

Conter fleurette
Blümlein erzählen
Süßholz raspeln

✳

Se sucer la pomme
Sich den Apfel lutschen
Schmusen, knutschen

✳

Avoir quelqu'un dans la peau
Jemanden in der Haut (im Fleisch) haben
In jemanden verknallt sein

Être mordu pour quelqu'un
Gebissen sein für jemanden
Scharf sein auf jemanden

✱

Porter quelqu'un aux nues
Jemanden bis zu den Wolken tragen
Jemanden auf den Händen tragen

✱

J'irais te décrocher la lune
Für dich hol' ich den Mond vom Haken
Für dich hol' ich die Sterne vom Himmel

✱

Il nage dans la joie
Er schwimmt in Freude
Er schwimmt im Glück

✱

Elle a trouvé chaussure à son pied
Sie hat den passenden Schuh für ihren Fuß gefunden
Jedes Töpfchen findet sein Deckelchen

✱

Il y a du monde au balcon
Sie hat Leute auf dem Balkon
Sie hat viel Holz vor der Hütte

Il est aux anges
Er ist bei den Engeln
Ihm hängt der Himmel voller Geigen

✻

Elle a du chien
Sie hat Hund
Steiler Zahn

✻

Ça me botte
Mir schlägt ein Stiefel in den Hintern
Da hab' ich Bock drauf

Je ne crache pas dessus
Darauf spucke ich nicht
Das nehm' ich mit Kußhand

✳

Son violon d'Ingres
Seine «Ingres-Geige»
Sein Steckenpferd

✳

Son dada
Sein Pferdchen
Sein Steckenpferd

✳

Baiser
Küssen
Bumsen

✳

Prendre son pied
Seinen Fuß nehmen
Bumsen

✳

Une partie de jambes en l'air
Skat mit Beinen in der Luft
Bumsen

S'envoyer en l'air
Sich in die Luft schicken
Vögeln

✼

Découcher
Außer Haus schlafen
Einen Seitensprung machen

✼

Se taper la cloche
Sich auf die Glocke schlagen
Sich den Bauch vollschlagen

Faire la java
Den Java-Tanz machen
'ne Sause machen

Faire la bombe
'ne Bombe machen
'ne Sause machen

10.
Ranklotzen

Il est calé
Er ist verkeilt
Er sitzt fest im Sattel

✳

Il est ferré
Er ist mit Eisen gut beschlagen
Er sitzt fest im Sattel

✳

Mener la barque
Das Boot führen
Das Heft in der Hand halten

✳

Appuyer sur le champignon
Auf den Champignon drücken
Volle Pulle geben

✳

Cela me tire une épine du pied
Das zieht mir einen Dorn aus dem Fuß
Mir fällt ein Stein vom Herzen

✳

Ça marche comme sur des roulettes
Das geht wie auf Rollen
Das läuft wie am Schnürchen

Tenir les rênes
Die Zügel halten
Im Griff haben

Tu peux dormir sur tes deux oreilles
Du kannst auf deinen beiden Ohren schlafen
Darauf kannst du einen lassen

Un point chaud
Ein heißer Punkt
Ein heißes Eisen

Un bon tuyau
Eine gute Röhre
Ein heißer Tip

*

Avoir plusieurs cordes à son arc
Mehrere Sehnen auf seinem Bogen haben
Mehrere Eisen im Feuer haben

*

Faire flèche de tout bois
Aus dem geringsten Stück Holz einen Pfeil machen
Alle Register ziehen

*

Faire des pieds et des mains
Füße und Hände machen
Alle Hebel in Bewegung setzen

*

Ménager la chèvre et le chou
Die Ziege und den Kohl schonen
Auf beiden Schultern tragen

*

Être dans les petits papiers de quelqu'un
In den geheimen Papieren von jemandem sein
Bei jemandem einen Stein im Brett haben

Faire d'une pierre deux coups
Aus einem Stein zwei Stücke machen
Zwei Fliegen mit einer Klappe schlagen

Il vaut mieux s'adresser à Dieu qu'à ses saints
Es ist besser, gleich zu Gott zu gehen und nicht erst zu den Heiligen
Geh gleich zu Schmidt und nicht zu Schmidtchen

Être de bon poil
Ein gutes Haar haben
Aufgekratzt sein

C'est simple comme bonjour
Klar wie guten Tag
Klar wie Kloßbrühe

✳

Dans la poche
In der Tasche
Todsicher

✳

Ça tombe au poil
Das haut auf das Haar
Das haut hin

✳

S'atteler
Anspannen
Ranklotzen

✳

Être toujours sur les quatre chemins
Ständig auf den vier Wegen sein
Ständig auf Achse sein

✳

Un succès bœuf
Ein Ochsenerfolg
Ein Riesenerfolg

Rouler sa bosse
Seinen Buckel rollen
Ständig auf Achse sein

Gunther Bischoff
Speak you English?
Programmierte Übung zum Verlernen
typisch deutscher Englischfehler (6857)
Managing Manager English
Gekonnt verhandeln lernen durch
Übungen an Fallstudien (7129)

G. Hargreaves/P. Wilson
**Die Schrift als Ausdruck
der Persönlichkeit**
Ein graphologisches Handbuch von A-Z
(7915)

H.-G. Heuber/M.-T. Pignolo
**Tu ne mâches pas tes mots
Nimm kein Blatt vor den Mund!**
Französische Redewendungen und ihre
deutschen Pendants (7472)

H.-G. Heuber/L. H. Wacker
**Talk one's head off
Ein Loch in den Bauch reden**
Englische Redewendungen und ihre
deutschen opposite numbers (7653)

Rupert Lay
Führen durch das Wort
(7435)

Prof. Dr. Lutz Mackensen
Deutsche Rechtschreibung
(handbuch 6034)
Gutes Deutsch in Schrift und Rede
(handbuch 6049)

C 2199/1

Sprache

J. Merkel/M. Nagel
Erzählen
Die Wiederentdeckung einer
vergessenen Kunst (7661)

Kurt Werner Peukert
Sprachspiele für Kinder
Programm zur Sprachförderung in Vor-
schule, Kindergarten, Grundschule und
Elternhaus (6919)

rororo Zitatenschatz der Weltliteratur
Von Aberglaube bis Zynismus
Ausgewählt von Lothar Schmidt
(handbuch 6186)

Wolf Schneider
Wörter machen Leute
Magie und Macht der Sprache (7277)

Jacques Soussan
Pouvez-vous Français?
Programmierte Übung zum Verlernen
typisch deutscher Französischfehler
(6940)

A. M. Textor
Sag es treffender
(handbuch 6031)
Auf deutsch
Das Fremdwörterlexikon
(handbuch 6084)

rororo

C 2199/1 a

Hans-Jürgen Eysenck
Intelligenztest
(6878)

Siegfried Grubitzsch/Günter Rexilius
Testtheorie – Testpraxis
Voraussetzungen, Verfahren, Formen und Anwendungsmöglichkeiten psychologischer Tests im kritischen Überblick
(7157)

Werner Kirst/Ulrich Diekmeyer
Intelligenztraining
Denksport und Lernimpulse, die alle geistigen Fähigkeiten anregen und fördern (6711)

Peter Lauster
Begabungstests (6844)
Berufstest
Die wichtigsten Entscheidungen im Leben richtig treffen (6961)

Susanne von Paczensky
Der Testknacker
Wie man Karriere-Tests erfolgreich besteht (6949)

Günther H. Ruddies
Testhilfe
Testangst überwinden. Testerfolge erzielen in Schule, Hochschule, Beruf (7082)

Georg Sieber
Achtung Test
Psychologische Testverfahren – was man von ihnen erwarten darf (6683)

C 2178/1

Jugendlexika

Jugendlexikon **Erziehung**
von Dorothea Kraus/Jobst Kraus/Christel
Scheilke/Christoph Th. Scheilke
(6202)

Jugendlexikon **Gesellschaft**
von Dieter Claessens/Karin Claessens/
Biruta Schaller
(6195)

Jugendlexikon **Politik**
von Hilde Kammer/Elisabeth Bartsch
(6183)

Jugendlexikon **Psychologie**
von Wolfgang Schmidbauer
(6198)

Jugendlexikon **Nationalsozialismus**
von Hilde Kammer/Elisabet Bartsch
Begriffe aus der Zeit der Gewaltherrschaft
1933-1945
(6288)

Jugendlexikon **Recht**
von Hans Joachim Tosberg/Susanne
Tosberg
(6201)

Jugendlexikon **Umwelt**
von Brunhilde Marquardt/Helmut
Mikelskis. Umweltwissen in Stichworten
(6301)

Einfache
Antworten
auf
schwierige
Fragen

Jugendlexikon **Wirtschaft**
von Horst Günter
(6189)

ro
ro
ro

C 862/8

Jugendlexikon **Religion**
von Hartwig Weber
Religionen der Welt. Grundbegriffe in
Christentum, Theologie und Kirche (6305)

Lernprogramme

Maren Engelbrecht-Greve
Streßverhalten ändern lernen
Programm zum Abbau psychosomatischer
Krankheitsrisiken (7193)

Wayne W. Dyer
Der wunde Punkt
Die Kunst, nicht unglücklich zu sein.
Zwölf Schritte zur Überwindung der
seelischen Problemzonen (7384)

Thomas Gordon
Managerkonferenz
Effektives Führungstraining (7671)

G. Hennenhofer/K. D. Heil
Angst überwinden
Selbstbefreiung durch Verhaltenstraining
(6939)

Rainer E. Kirsten/Joachim Müller-Schwarz
Gruppentraining
Ein Übungsbuch mit 59 Psycho-Spielen,
Trainingsaufgaben und Tests (6943)

Walter F. Kugemann
Lerntechniken für Erwachsene
(7123)

Rupert Lay
Meditationstechniken für Manager
Methoden zur Persönlichkeitsentfaltung
(7242)

Eine Auswahl

Ernst Ott
Optimales Lesen (6783)
Optimales Denken (6836)
Das Konzentrationsprogramm
Konzentrationsschwäche überwinden
– Denkvermögen steigern (7099)
Intelligenz macht Schule
Denk-Beispiele zur Intelligenzförderung
für 8- bis 14jährige (7155)

C 2177/1

Lernprogramme

Kurt Werner Peukert
Sprachspiele für Kinder
Programm für Sprachförderung in
Vorschule, Kindergarten, Grundschule und
Elternhaus (6919)

L. Schwäbisch/M. Siems
**Anleitung zum sozialen Lernen für
Paare, Gruppen und Erzieher**
Kommunikations- und Verhaltens-
training (6846)

Manuel D. Smith
Sage nein ohne Skrupel
Techniken zur Stärkung der
Selbstsicherheit (7262)

Friedemann Schulz v. Thun
Miteinander reden
Störungen und Klärungen. Psychologie
der zwischenmenschlichen
Kommunikation (7489)

F. Teegen/A. Grundmann/A. Röhrs
Sich ändern lernen
Anleitung zu Selbsterfahrung und
Verhaltensmodifikation (6931)

Christof Vieweg
Achtung Anfänger
Tips für Führerscheinbesitzer und solche,
die es werden wollen (7810)

Eine Auswahl

Bernd Weidenmann
Diskussionstraining
Überzeugen statt überreden.
Argumentieren statt attackieren (6922)

C 2177/1 a

populäre Kultur

Joachim-Ernst Berendt (Herausgeber)
Die Story des Jazz
Vom New Orleans zum Rock Jazz (7121)

Burghard König (Herausgeber)
Jazzrock
Tendenzen einer modernen Musik (7766)

Bert Noglik
Jazz-Werkstatt international
(7791)

Dallas/Denselow/Laing/Shelton
Folksong
Von den Volksliedern zum Folkrock (7151)

Kaarel Siniveer
Folk Lexikon
(handbuch 6275)

K. Frederking/K. Humann (Herausgeber)
Rock Session 7
Schwarze Musik (7687)

Klaus Frederking (Hg.)
Rock Session 8
Sound und Vision (7879)

Helmut Salzinger
Black Power
oder Wie musikalisch ist die Revolution
(7470)

Diederichsen/Hebdige/Marx
Schocker
Stile und Moden der Subkultur (7731)

Wolfgang J. Fuchs/Reinhold Reitenberger
Comics-Handbuch
(handbuch 6215)

C 2176/2